T0068282

Los hombres que Dios llamó

Los hombres que Dios llamó

-Aarón -David -Elías
-Lázaro -Lucas -Santiago

———— 2 DE 7 ————

MARY ESCAMILLA

Número de Control de la Biblioteca del Congreso de EE. UU.:   2020917837
ISBN: Tapa Dura   978-1-5065-3413-8
             Tapa Blanda   978-1-5065-3412-1
             Libro Electrónico   978-1-5065-3411-4

Información de la imprenta disponible en la última página.

Fecha de revisión: 22/10/2020

Para realizar pedidos de este libro, contacte con:
Palibrio
1663 Liberty Drive
Suite 200
Bloomington, IN 47403
Gratis desde EE. UU. al 877.407.5847
Gratis desde México al 01.800.288.2243
Gratis desde España al 900.866.949
Desde otro país al +1.812.671.9757
Fax: 01.812.355.1576
ventas@palibrio.com
820094

ÍNDICE

Aarón

Levítico 21:22

PRÓLOGO

¡Qué extraordinario!, qué privilegio tuvieron y siguen teniendo los hombres llamados por Dios, ya que en verdad es de excelencia servirle a Él y ser usados del mismo modo, con un propósito que Él tiene para la vida de cada uno de los llamados grandes hombres, grandes apóstoles, ministros, pastores, profetas, maestros evangelistas, adoradores, servidores…

Ellos son los verdaderos discípulos de Jesucristo, esos hombres llamados que le sirvieron y le sirven de una manera particular e íntegra porque son sacerdotes escogidos por Dios para predicar su Palabra y la Sana Doctrina del Real Evangelio de Jesucristo, el Hijo de Dios. Es único, una verdadera honra servirle a Él.

Es un privilegio el llamado de Nuestro Señor Jesucristo, fue algo maravilloso ser llamado por Dios para ser el Salvador del Mundo. Ahora tú eres llamado por Él, así como:

El rey David fue llamado a vencer a Goliat.
Abram fue llamado para bendecir a otros discípulos.
Jacob fue llamado a poseer la tierra y tener muchos hijos.
Daniel fue llamado a ser un profeta de Dios.
Enoc fue llamado a ser justo y caminar con Dios.

Isaac fue llamado a ser la promesa de Dios y la alegría de sus padres.

Moisés fue llamado a ser el mensajero de Dios y oír su voz.

José fue llamado a ser el soñador y gobernar a Egipto.

Josué fue llamado a llevar al pueblo de Dios, pasar por el desierto y entrar en la Tierra Prometida.

Pablo, el último de los apóstoles, fue llamado a predicar el Evangelio de Jesucristo ante multitudes para convertirlos.

Pedro fue llamado a ser amigo de Jesús y pescador de hombres.

Job fue llamado a ser varón perfecto, temeroso de Dios, y aceptó la voluntad de Él.

Mateo fue llamado a ser evangelista de Jesús.

Lucas escribió el evangelio que lleva su nombre en el nuevo testamento.

Habacuc fue llamado a ser el profeta de la fe y la esperanza de salvación.

Andrés fue llamado a seguir a Jesús.

Felipe fue llamado directamente por Dios a ser su discípulo.

Santiago fue llamado a ser hermano de Jesús y escribir el libro del Nuevo Testamento.

Juan, el más joven discípulo y muy amado por Jesús, presenció milagros realizados por Él.

Salomón fue llamado a ser rey y a pedir al Altísimo Padre Celestial, sabiduría y ciencia para gobernar a su pueblo.

Sansón fue llamado a cumplir el propósito de Dios, que fue salvar a Israel de los filisteos.

Ezequiel fue llamado a ser profeta y guía moral, que enseñó y guio espiritualmente al pueblo de Israel.

Isaías fue llamado a ser asesor de reyes y basado en la Escritura los ministró. Asimismo, fue un gran y excelente orador.

Zacarías fue llamado a escribir El Antiguo Testamento, asi como el libro del mismo nombre, Zacarías.

Jeremías fue llamado al arrepentimiento del pueblo de Judá, al cual persuadió que se volvieran a Dios.

Joel fue llamado a profetizar respecto a la plaga de langostas que vendrían al pueblo si no se arrepentían.

Jonatán fue llamado a ser valiente y amigo del rey David, y fue vencedor de Gabaa.

Jonás fue llamado por Dios a ir y llamar al arrepentimiento a una ciudad pagana y, aunque huía del Señor, nunca quiso escapar de Él. Sin embargo, al final fue obediente.

Juan "El Bautista" fue llamado a bautizar a Jesús de Nazaret.

¡Qué privilegio!, asimismo tú atiende a tu llamado y escucha la voz de Dios.

EL LLAMADO DE AARÓN

Hijo de Amrad y Jocabed, recibe su llamado junto a Moisés su hermano, fue su portavoz su nombre significa "Maestro o ilustre".

En el monte Sinaí se encontró con Moisés y allí se le informó sobre su llamado, según el propósito divino. Murió a los 113 años.

Fue el primer sumo sacerdote y, como tal, sus deberes fueron:

Enseñar los Mandamientos de Dios.

Ofrecer los sacrificios ordenados.

Hacer expiaciones en días específicos.

También dirigió la adoración en el tabernáculo.

Y supervisó el trabajo de miles de levitas en ese servicio.

"Y Jehová habló a Moisés, diciendo: Haz que se acerque la tribu de Leví, y hazla estar delante del sacerdote Aarón, para que le sirvan, y desempeñen el encargo de él, y el encargo de toda la congregación delante del tabernáculo de reunión para servir en el ministerio del tabernáculo." Números 3:5-7.

¡Qué privilegio más grande! Estar en la casa de Jehová adorándole.

I-SU LLAMADO FUE EN UNA POSICIÓN SUBORDINADA

Fue designado por Dios como el vocero, o sea, sirvió de boca a Moisés ya que éste, al ser llamado por Dios, se sentía incapaz de muchas cosas y una de ellas era no poder hablar por ser tartamudo y torpe de lengua.

Éste es un claro ejemplo para todo aquel que ha sido llamado por Dios y aunque en algunas áreas se sienta incapaz, Dios le pondrá personas a su lado para que le ayuden en las áreas deficientes, eso pasó con Moisés su hermano. Dios se enojó y le dijo:

"Entonces Jehová se enojó contra Moisés, y dijo: ¿No conozco yo a tu hermano Aarón, levita, y que él habla bien? Y he aquí que él saldrá a recibirte, y al verte se alegrará en su corazón.

Tú hablarás a él, y pondrás en su boca las palabras, y yo estaré con tu boca y con la suya, y os enseñaré lo que hayáis de hacer.

Y él hablará por ti al pueblo; él te será a ti en lugar de boca, y tú serás para él en lugar de Dios." Éxodo 4:14-16.

No es fácil para muchos ejercer este tipo de llamado, ser ayudante en el ministerio de otro, pero cuando el corazón está rendido completamente a Dios, podemos dejar toda altivez y soberbia y saber que cualquier cosa que hagamos para el reino de Dios es un gran privilegio, ya sea el que predica, el que es un líder o aquél que limpia la iglesia, el que ora en la intimidad de su casa e intercede por sus pastores y, aunque nadie lo vea ejerciendo su llamado, desde el cielo hay uno que sí reconoce su trabajo.

Hay otras personas que no se someten al llamado que Dios les ha hecho, sino que quieren y anhelan tener otro para ser vistos por multitudes. Pero recuerda, sométete al llamado que has recibido directamente del cielo y no anheles el de otros.

Aarón, además de ser voz para Moisés, sostuvo sus manos cuando éste estaba cansado junto con Hur en la guerra con Amalec.

"Y sucedía que cuando alzaba Moisés su mano, Israel prevalecía; mas cuando él bajaba su mano, prevalecía Amalec.

Y las manos de Moisés se cansaban; por lo que tomaron una piedra, y la pusieron debajo de él, y se sentó sobre ella; y Aarón y Hur sostenían sus manos, el uno de un lado y el otro de otro; así hubo en sus manos firmeza hasta que se puso el sol." Éxodo 17:11,12.

El levantar las manos era considerado en aquel tiempo como una señal de oración, de poner la confianza en Dios y aferrarse a Él para obtener la victoria.

Vemos aquí la importancia de trabajar en equipo para ser victoriosos y tener amor para sobrellevar unos las cargas de los otros, a eso hemos sido llamados por Dios.

Las personas muchas veces quieren ver perfección en los hombres que Dios ha llamado, y se olvidan que son humanos que se cansan, que son débiles y que tienen necesidades básicas.

Y vemos aquí a Moisés que se cansó de tener sus manos arriba y que necesitó de sus amigos, compañeros de ministerio, como lo era Aarón para que lo sostuvieran.

Así que a sostener las manos de los débiles. Cuando veas a alguien cansado, en cualquier área, o alguien que está desfalleciendo por los problemas y situaciones adversas en esta vida, haz lo mismo que Aarón y Hur hicieron; levanta las manos de ellos orando e intercediendo por sus necesidades, recuerda que lo que tú hagas por otro, Dios hará para ti.

Podemos aprender en este llamado que nos necesitamos los unos a los otros, muchas veces queremos vivir nuestra vida independiente completamente de otros, pero a veces Dios nos da lecciones, que no debemos de confiar en nosotros mismos, y nos envía alguna tribulación o necesidad para que otros vengan y nos ayuden, por eso no te olvides:

Que como esposo necesitarás de la ayuda de tu esposa, porque es la ayuda idónea para tu vida; ámala, porque en los momentos más difíciles estará contigo y te cuidará.

También como esposa necesitas la ayuda de tu esposo, para que él dirija el hogar.

Como hijo(a) necesitas la ayuda y el consejo de tus padres, no los menosprecies cuando ellos estén en su vejez.

Recuerda que, como nuera o yerno, necesitarás la ayuda de tu suegra que es la mamá del hombre o la mujer que escogiste para convivir en esta tierra; llévate bien con ella y con tu suegro.

En tu trabajo sé obediente y ayuda a tu compañero con el cual trabajas, es mejor hacerlo en equipo.

Moisés logró mantener las manos en alto hasta que se puso el sol, porque este hombre llamado por Dios, Aarón, supo cuál era su llamado; estar bajo autoridad junto a otro hombre llamado por Dios.

Así que no sigas siendo complicado, ni te desesperes, deja de sentirte débil, Dios te capacitará, no rehúyas a tu llamado.

Si obedeciéramos a este principio divino de sobrellevar los unos las cargas de los otros, viviríamos en un mundo lleno de paz.

Puedes empezar en tu propia casa a ser compasivo y misericordioso, eso traerá bendiciones grandes a tu hogar.

Levanta las manos de tu esposa a través de la intercesión para que el enemigo no tenga entrada y sea avergonzado.

No le des lugar al enojo.

No des lugar a la contienda.

No le des lugar a la ira.

No le des lugar al resentimiento.

No le des lugar a la gritería.

No le des lugar al pleito.

No le des lugar a la desconfianza.

No le des lugar a los celos.

La oración es poderosa, ora cada día, no te canses y recuerda que debemos hacerlo los unos por los otros.

¿Qué más podemos aprender de este llamado?

II- HAY QUE PONER LA MIRADA EN EL QUE DA EL LLAMADO.

Quizá muchas veces te has decepcionado por algunos hombres y mujeres que han sido llamados por Dios, porque han tenido debilidades humanas a pesar de esos grandes llamados.

Y Aarón no fue la excepción, falló en varias oportunidades; la primera vez que Moisés permaneció 40 días en el Monte Sinaí, el pueblo se levantó a decirle que les hiciera un dios para adorarlo y éste accedió y cooperó con el pueblo rebelde.

"Viendo el pueblo que Moisés tardaba en descender del monte, se acercaron entonces a Aarón, y le dijeron: Levántate, haznos dioses que vayan delante de nosotros; porque a este Moisés, el varón que nos sacó de la tierra de Egipto, no sabemos qué le haya acontecido." Éxodo 32:1.

Un gran ejemplo para ti, cuántas veces tú habrás tomado decisiones incorrectas porque has dicho: Dios se ha tardado en contestarme, y creíste en las personas que te dijeron que te van a revelar lo oculto, o has ido a visitar lugares donde te prometen que dejarás de sufrir y te arreglarán todo problema en tu vida.

¡Ten cuidado!

Eso es mentira del diablo, no sigas creyendo a espíritus engañadores, tú sigue confiando en Dios siempre y en su Hijo Jesucristo, Él envió al Espíritu Santo para consolarte, para guiarte a toda verdad y enseñarte las cosas de Dios. Él nunca te va a abandonar, aunque tu propio padre y madre lo hayan hecho.

No vayas a adorar a otro Dios que no sea el único y verdadero, porque no te irá bien. Destruye toda imagen que tengas, no sigas adorando a dioses hechos por hombres, ellos no tienen poder para hacer ningún milagro, solamente Dios lo puede hacer.

Aarón se rindió ante la presión del pueblo y les hizo el becerro de oro para que lo adoraran.

¡Qué terrible ese pueblo!

Pero hoy también podemos ver cómo las personas claman a dioses falsos.

¿Te identificas?

¿Cuántas veces te has rendido ante la tardanza y la espera de las promesas que Dios te ha dado?

¿Cuántas veces te has rendido ante la presión de la pobreza?

¿Cuántas veces has accedido a la presión de tu esposa?

¿Cuántas veces has consentido a la presión del grupo, o de tu vecino o cualquier persona que está movida por su corazón lleno de pecado y tú les has obedecido?

Deja de hacerlo, se fiel a los Mandamientos que Dios nos ha dejado en su Palabra.

¡Hoy, pídele perdón a Dios!

No sigas participando haciendo becerros de oro para que sean adorados por otros, eso es abominación a Dios.

No te rindas ante la presión que otros quieran ejercer sobre ti.

Otra falla que tuvo Aarón y su hermana María, fue que criticaron a Moisés.

"María y Aarón hablaron contra Moisés a causa de la mujer cusita que había tomado; porque él había tomado mujer cusita." Números 12:1.

Y Dios se enojó porque ellos hablaron de la autoridad que Dios les había puesto, y Jehová descendió en una columna de nube y se presentó a la puerta del tabernáculo, los llamó y los reprendió y hubo una sentencia; María se llenó de lepra y al ver eso Aarón tuvo un gran temor y reconoció que locamente habían actuado para pecar. Y vemos la misericordia de Dios, Moisés oró a Jehová, pidió sanidad para ella y fue sanada.

Deja de criticar a los hombres o mujeres que Dios ha llamado para servirle, aunque tú no entiendas el porqué de muchas cosas, tú pon la mirada en el Todopoderoso, el Santo de Israel y verás la gloria de Dios.

Lo que duele más es cuando somos atacados y criticados por nuestra propia familia, aquí sus propios hermanos se levantaron contra el Hombre que Dios había llamado, no supieron separar los lazos sanguíneos con los lazos divinos.

Si eres un hombre o una mujer que ha sido llamado por Dios prepárate para ser atacado, pero debes recordar que sobre los que han sido escogidos para su servicio tienen gran protección divina, una de ellas es que ninguna arma forjada prosperará sobre los siervos de Dios y que Él condenará toda lengua que se levante en juicio en contra de ellos.

¡Qué cobertura más grande!

Por eso cierra tus ojos, también tus oídos y sigue haciendo lo que Dios te ha mandado a hacer, no veas a diestra ni a siniestra, sino el blanco que es Cristo Jesús.

¿Deseas pedirle perdón a Dios y recibirle en tu corazón para empezar una nueva vida?

Si tu respuesta es afirmativa, repite esta oración y di:

Padre que estás en los cielos y en todo lugar, quiero pedirte perdón por todos mis pecados, te he desobedecido y estoy viviendo una vida de derrota, sé que tengo un llamado divino para mi vida, me arrepiento de todo lo malo que he hecho, y quiero que escribas mi nombre en el Libro de la Vida, gracias porque enviaste a Jesucristo a la tierra para morir por mis pecados y poder recibir la salvación de mi alma, en nombre de Él te lo pido. Amén, amén y amén.

Las riquezas
Mal habidas
Son pecados
Al Alma.

La Vid

La obediencia
Trae bendiciones.
La desobediencia
Trae maldiciones
Y escasez.

Mary Escamilla
Dra. 💙

Siembra

En tu

Espíritu,

Que es vida,

No en la

Carne,

Que es

Muerte.

Mary Escamilla
Dra.

La Vid

El poder

De Dios

Se manifiesta

En la debilidad,

En la necesidad

Y en la

Tribulación

Del ser humano.

Mary Escamilla

Dra. ♥

La Vid

No existe
El Purgatorio,
Eso es un
Invento,
Únicamente
Hay Cielo
Y hay Infierno.

Mary Escamilla
Dra.

La Vid

El Enojo,

La Ira,

La Vanidad

Y El Orgullo

Anestesian

El Cerebro.

Mary Escamilla
Dra. ♥

La Vid

No tengas
Falta de
Entendimiento
Dudando
De Dios.

Mary Escamilla
Dra. ❤

La Vid

Jesús es el
Fundamento
De todos los
Tiempos,
Porque Él
Es el Hijo
De Dios.

Mary Escamilla
Dra. 🖤

La Vid

Tengo lo más
Valioso de
Mi vida y todos
Los tiempos:
¡A Jesús en mi
Corazón!

Mary Escamilla
Dra.

La Vid

En los últimos
Tiempos, los
Seres humanos
Serán atormentados.

Mary Escamilla
Dra. ♥

La Profecía y la
Escatología,
Son Revelaciones
De parte de Dios.

Mary Escamilla
Dra. ♥

La Vid

Que te controle

La razón,

No las pasiones.

Mary Escamilla
Dra. ❤

El alma del
Ser humano
Está en la
Sangre.

Dra. ❤

La Vid

La peor
Enfermedad
Del siglo
Es el estrés.

Mary Escamilla
Dra. ❤

La calamidad

Del ser humano

Es la ignorancia.

Mary Escamilla
Dra. ♥

David

1a. Samuel 17:38-52

EL LLAMADO DE DAVID

David perteneció a la familia de Isaí, que era de la tribu de Judá, era el menor de ocho hijos y ejerció la tarea de ser pastor de ovejas, tres de sus hermanos mayores eran soldados que estaban en el ejército de Saúl.

También estuvo al servicio del rey Saúl, fue nombrado músico porque tocaba el arpa como nadie, era tan excelente que al escuchar el rey Saúl, los espíritus inmundos que lo molestaban huían y él se sentía relajado. También fue paje de armas y fue autor de muchos de los Salmos en la Biblia.

Ungido como rey de Israel por el profeta Samuel, que fue enviado por Dios a Belén.

"Y Samuel tomo el cuerno del aceite, y lo ungió en medio de sus hermanos; y desde aquel día en adelante el Espíritu de Jehová vino sobre David. Se levantó luego Samuel, y se volvió a Ramá." 1ª. Samuel 16:13.

David era un hombre valiente, siendo aún niño se enfrentó al gigante Goliat y lo venció.

Después de este grandioso triunfo David se ganó la amistad de Jonatán y el amor de Mical, que fue su primera esposa, ambos eran hijos del rey Saúl; cuando éste se enteró le entraron celos contra

David y ordenó que lo capturaran, y David tuvo que huir al desierto con un grupo de guerreros que estaban con él.

Aunque tuvo momentos de debilidad carnal, ya que tomó como mujer a Betsabé, siendo ésta esposa de Urías, un soldado principal. Fue engañado por el enemigo de su alma y cometió adulterio. Pero se arrepintió de todo corazón y pidió perdón. Luego se le menciona como el hombre conforme al corazón de Dios.

¡Cuántas cosas hermosas había en el corazón de David!, vamos a compartir algunas:

I-UN HOMBRE LLAMADO POR DIOS, TIENE QUE SER VALIENTE.

David demuestra desde su niñez que era valiente, ser un pastor de ovejas lo llevó a la escuela de preparación para su gran llamado.

Él había aprendido a cuidar a las ovejas de las fieras salvajes y utilizaba su cayado y una honda para destruir todo lo que quería dañar su rebaño.

¡Qué hermoso ejemplo para ti en este día!

¿Cuál es tu rebaño?

Como esposo, tienes a tu esposa y a tus hijos, a los cuales debes cuidar, ese es tu primer rebaño del cual le darás cuentas a Dios en aquel día.

¿Cómo estas desempeñando este llamado de ser cabeza de tu hogar?

¿Amas a tu esposa como Cristo amó a su iglesia?

¿Estás protegiendo y sosteniendo tu hogar?

También como pastor de una iglesia, debes cuidar las ovejitas que Dios te ha confiado, las tienes que cuidar de lobos que se visten de ovejas y quieren dañar el redil del Señor, algunos vienen con falsas doctrinas y los quieren sacar de la propia iglesia.

Porque recuerda amado, siempre está el trigo y la cizaña juntos, por eso tú debes estar en una sana doctrina y escudriñar la Escritura.

¡Es un alerta!

¡Ten mucho cuidado!

Pelea por ellas, para que no sean engañadas por este tipo de personas que son usadas por el mismo satanás.

Debes ser valiente para enfrentar los problemas que se presentan en tu hogar o en cualquier liderazgo que estés desempeñando, pelea la buena batalla y defiende con valentía lo que te ha sido entregado.

El buen pastor cuida de las ovejas, Jesucristo dijo en una ocasión que Él era el Buen Pastor, que Él vino a dar su vida por ellas.

No hay otro ejemplo mayor que éste, que alguien ponga su vida por sus ovejas.

David lo expresó en el Salmo 23 y dijo:

"Jehová es mi pastor y nada me faltará."

Qué palabras tan grandiosas, llenas de una verdad incomparable, si haces a Dios tu pastor no te hará falta nada porque:

Él es será tu proveedor.

Él será tu sustentador.

Él será tu protector.

Él será tu sanador.

Tu Padre Amado Celestial.

Él será tu pronto auxilio en las tribulaciones.

Él estará contigo hasta el fin del mundo.

Qué mejor garantía que ésta, para vivir una vida plena en este mundo.

¿Has hecho a Dios tu Pastor? ¿O has puesto, primero la mirada en el hombre?

Este hombre llamado por Dios fue un gran ejemplo, se enfrentó a un gigante el cual estaba molestando e intimidando al pueblo de Israel.

Lo quisieron vestir como un guerrero poniéndole ropas de las cuales él no estaba acostumbrado y no pudo utilizarlas, pero Dios le dio una estrategia, se fue al río, escogió cinco piedras lisas en un arroyo y se puso delante del gigante Goliat mientras éste se burlaba de él, pero este hombre llamado por Dios no se intimidó ante la burla y el menosprecio de este gigante, él confiaba plenamente en Dios El Todopoderoso.

"Y dijo el filisteo a David: ¿Soy yo perro, para que vengas a mí con palos? Y maldijo a David por sus dioses.

Dijo luego el filisteo a David: Ven a mí, y daré tu carne a las aves del cielo y a las bestias del campo.

Entonces dijo David al filisteo: Tú vienes a mí con espada y lanza y jabalina; mas yo vengo a ti en el nombre de Jehová de los ejércitos, el Dios de los escuadrones de Israel, a quien tú has provocado.

Jehová te entregará hoy en mi mano, y yo te venceré, y te cortaré la cabeza, y daré hoy los cuerpos de los filisteos a las aves del cielo y a las bestias de la tierra; y toda la tierra sabrá que hay Dios en Israel." 1ª. Samuel 17:43-46.

¿Qué gigante te está haciendo la vida imposible?

¿Son las burlas?

¿Son los semblantes que te hacen?

¿Son las palabras hirientes?

¿Son los menosprecios que estás recibiendo de los que amas?

No te acobardes ni te desanimes, levántate como un hombre esforzado y valiente y empieza a pelear con las armas de nuestra milicia, las cuales no son carnales sino poderosas en Dios para destruir fortalezas que se levantan en contra de los escogidos y los que han sido llamados por Dios.

II-UN HOMBRE LLAMADO POR DIOS, TIENE QUE IMPACTAR EL CORAZÓN DE DIOS.

David fue un ejemplo, ya que fue llamado el hombre conforme el corazón de Dios.

¿Qué fue lo que le hizo ser ese hombre?

1-Sabía llevar adoración al mismo trono de Dios.

¡Qué nivel de adoración David expresaba!

Hoy se necesitan salmistas de ese nivel que canten y adoren en espíritu en verdad.

David se metía en la adoración en una forma completa y no le importó un día que su propia mujer se burlara de él porque estaba danzando a su Rey y Señor.

Si tu llamado es llevar en adoración al pueblo de Dios, recuerda que David es un gran ejemplo, organizó a los que cantaban y a los músicos en la casa de Jehová.

"Además, cuatro mil porteros, y cuatro mil para alabar a Jehová, dijo David, con los instrumentos que he hecho para tributar alabanzas." 1ª. Crónicas 23:5.

¡Eso fue glorioso, cuatro mil personas adorando al Señor!

Dios quiere que tú seas también un adorador, aunque no formes parte de un grupo musical tú puedes adorarle en todo momento, mientras manejas que salga un cántico nuevo, mientras cocinas, en todo momento hazlo, Dios se agradará que lo hagas y en las pruebas podrás experimentar el gozo del Señor.

¡Atrévete hoy a ser un verdadero adorador!

2-Fue valiente y vigoroso.

Qué gran ejemplo de valentía tuvo este hombre llamado por Dios, fue fuerte, actuó con determinación en situaciones muy difíciles y arriesgadas, tenía un carácter férreo y no le temía enfrentarse al peligro, porque fue esforzado, intrépido y atrevido.

¿Deseas que Dios te dé la valentía en los momentos difíciles?

Clama a Él, y Él te dará la fuerza para enfrentarte al enemigo, recuerda que ya Jesucristo en la Cruz del Calvario lo venció.

Fue un hombre atrevido, cumplió su llamado con mucho vigor, no le importó la oposición, él venció porque su confianza la tenía en el Dios Todopoderoso.

3-Fue un hombre de guerra

En la Palabra de Dios encontramos que Jehová es Varón de guerra, en aquellas épocas se realizaron muchas guerras, ahora, en este tiempo, tenemos una guerra continua pero no con las personas, la Palabra de Dios nos dice:

"Porque no tenemos lucha contra sangre y carne, sino contra principados, contra potestades, contra los gobernadores de las tinieblas de este siglo, contra huestes espirituales de maldad en las regiones celestes." Efesios 6:12

La Biblia es clara, deja de pelear y vivir en una guerra constante contra las personas, tenemos a un verdadero enemigo que usa a las personas que se dejan, pero tú sé sabio, escudriña la Palabra para mantenerte listo con la armadura de Dios, para que puedas resistir a cualquier ataque que venga contra tu vida y la de tu familia.

4-Prudente en sus palabras y en su comportamiento.

"Y salía David adondequiera que Saúl le enviaba, y se portaba prudentemente. Y lo puso Saúl sobre gente de guerra, y era acepto a los ojos de todo el pueblo, y a los ojos de los siervos de Saúl." 1ª. Samuel 18:5.

David era un hombre sensato y esta virtud que tenía lo hacía ser justo.

La persona que es prudente es aquella que habla cuando debe hacerlo, de lo contrario calla y tiene un lenguaje respetuoso con los demás.

¿Tienes esta cualidad que tenía este hombre llamado por Dios?... ¿O aún te falta mucho?

¡Con Jesucristo en tu corazón lo lograrás, esfuérzate!

Los labios del prudente están llenos de sabiduría.

El que refrena su lengua es prudente.

Los labios donde hay prudencia, vienen siendo como joyas preciosas.

Deja pues el enojo de tu corazón y empieza a comportarte en tu hogar, en tu trabajo, en la iglesia y en cualquier lugar donde vayas con prudencia, y de la misma forma empieza a hablar.

5-Hermoso.

David era de hermosa apariencia, pero sin la presencia de Dios en su vida, sólo quedaría en un buen aspecto a la vista de los demás. Hay personas que se preocupan por verse bien ante los demás, pero son ásperos hacia ellos, hay otros que tienen buena presencia pero son altaneros y orgullosos… Y así podríamos seguir mencionando.

La verdadera hermosura del hombre está en haber sido llamado hijo de Dios, y es cuando le entregas todo tu ser a Él, arrepintiéndote primero de todos tus pecados, allí entrará en ti la verdadera belleza, la que sale de adentro hacia afuera.

¡No te dejes engañar por lo falso!

Jesucristo exhortó fuertemente a los escribas y fariseos de su época que se veían hermosos a la vista de las personas, pero su corazón estaba lejos de Dios.

"¡Ay de vosotros, escribas y fariseos, hipócritas! porque limpiáis lo de fuera del vaso y del plato, pero por dentro estáis llenos de robo y de injusticia.

¡Fariseo ciego! Limpia primero lo de dentro del vaso y del plato, para que también lo de fuera sea limpio.

¡Ay de vosotros, escribas y fariseos, hipócritas! porque sois semejantes a sepulcros blanqueados, que, por fuera, a la verdad, se muestran hermosos, mas por dentro están llenos de huesos de muertos y de toda inmundicia." San Mateo 23:25-27.

¡Qué tremenda exhortación!, el que tiene oídos para oír que oiga.

6-<u>Jehová estaba con él.</u>

La única forma de tener estas cualidades maravillosas es cuando caminamos junto a Dios, cuando dejamos el pecado y nos venimos a refugiar en la roca que es Cristo el Señor, David impactó el corazón de Dios y, aunque la vida de este hombre estuvo también rodeada de algunas malas decisiones, se supo humillar y pedirle perdón a Dios de todo su corazón. Lo vemos en el Salmo 51, donde él le pide perdón a Dios por haber caído en adulterio.

"Ten piedad de mí, oh Dios, conforme a tu misericordia; Conforme a la multitud de tus piedades borra mis rebeliones.

Lávame más y más de mi maldad, Y límpiame de mi pecado.

Crea en mí, oh Dios, un corazón limpio,

Y renueva un espíritu recto dentro de mí.

No me eches de delante de ti, y no quites de mí tu santo Espíritu." Salmos 51:1, 2, 10, 11.

¿Quieres tu impactar el corazón de Dios?

Lo primero es entregarle tu vida completa a Él, para ello tienes que arrepentirte de todos tus pecados y reconocerle como tú único y suficiente Salvador de tu alma.

Si lo quieres hacer, repite esta oración y di:

Vengo hoy arrepentido(a) de corazón por haber pecado contra ti, reconozco que soy pecador(a) y quiero entregarte mi vida completa, te recibo como mi único y suficiente Salvador de mi alma, sé que enviaste a Jesucristo a la tierra a morir por mis pecados, quiero que entres a lo más profundo de mi ser y que escribas mi nombre en el Libro de la Vida, te lo pido en el nombre poderoso de tu Hijo Amado Jesucristo. Amén, amén y amén.

La Vid

Prepárate

Con tu

Mejor

Arma,

La Biblia,

Porque

El enemigo

Viene a matar.

Mary Escamilla
Dra. ❤️

La Vid

Amado

Padre

Celestial,

Dame tu

Perdón,

Dame tu

Bendición

Y dame tu

Amor.

Mary Escamilla

Dra.

La Vid

Busca a

Dios

Y, en la

Quietud

De tu

Corazón,

Entrégate a Él.

Mary Escamilla
Dra.

La Vid

No seas

Irracional

Para cuidar

Tu cuerpo,

Sé diligente

Para gozar

De una

Buena Salud.

Mary Escamilla
Dra. ♥

La Vid

Guarda

Tu Alma

De todo

Mal,

Para ir

Por el

Buen

Camino.

Mary Escamilla
Dra. ♥

La Vid

El necio
No entiende
De moral.

Mary Escamilla
Dra. ♥

La Vid

Estudia las

Evidencias

De la Creación,

No de la Evolución.

Mary Escamilla
Dra. ♥

La Vid

Los que piensan
Que provenimos
Del chango, su
Abuelita es una
Gorila.

Dra.

La Vid

Hedonismo,

Humanismo,

Ateísmo, Etc.

Son semejantes

A la necedad.

Mary Escamilla
Dra.

La ignorancia

Y la soberbia

Piensan que

La sabiduría y

El conocimiento

No son importantes.

Mary Escamilla
Dra. ♥

La pandemia

No cambia

Los propósitos

De Dios en tu vida.

Yo soy una persona
Dependiente de Dios,
Vivo bajo su sombra.

La Vid

No hables
Incoherencias,
Porque te
Corrompes.

Mary Escamilla
Dra. ♥

La Vid

Por naturaleza,
El ser humano
Nace separado
De Dios.

Mary Escamilla
Dra. ♥

La Vid

El necio
Se engaña
A sí mismo,
Porque no
Es hacedor
De la Palabra.

Mary Escamilla
Dra. ♥

Elías

1a. Reyes 17:19

EL LLAMADO DE ELÍAS

Su nombre significa: Mi Dios es el Señor, tuvo un llamado profético lo cual lo llevó a tener muchas confrontaciones con los sacerdotes de Baal.

Su ministerio empezó en la época donde reinaba el rey Acab, éste cometió cosas desagradables a Dios, más que los otros reyes anteriores a él.

La mujer de Acab odiaba a Elías, este hombre llamado por Dios.

La Palabra de Dios nos habla que Elías estaba sujeto a pasiones humanas, que un día esta mujer, Jezabel, llegó a intimidarlo y luego él huyó por temor a la venganza de ella, pero salió victorioso.

Era un conocedor de los Mandamientos de Dios, se caracterizó por ser un hombre que expresó:

"Vive Jehová en cuya presencia estoy."

Una expresión poderosa, que hizo impacto en el reino de las tinieblas.

Hay muchos aspectos de este llamado que podemos aprender y el primero que mencionaremos es que:

I-ELÍAS FUE HOMBRE QUE BUSCABA LA PRESENCIA DE DIOS.

"Elías era hombre sujeto a pasiones semejantes a las nuestras, y oró fervientemente para que no lloviese, y no llovió sobre la tierra por tres años y seis meses.

Y otra vez oró, y el cielo dio lluvia, y la tierra produjo su fruto." Santiago 5:17,18.

Esto nos indica que Elías era un hombre que estaba expuesto a las cosas de este mundo, pero él se metía en la atmósfera del espíritu a través de la oración y allí obtenía la victoria.

Experimentó momentos difíciles como el desánimo, el dolor temor y dudas.

Pero cuando él oraba el reino de las tinieblas temblaba, se paralizaba y los espíritus inmundos huían.

Esto es un claro ejemplo para tu vida, que a pesar de los defectos que podamos tener como humanos, si nos metemos a buscar la presencia de Dios, podemos ver muchos milagros como los vio este hombre.

Posiblemente tú estás teniendo muchas tentaciones en tu vida que te quieren separar de la comunión con Dios, busca el perdón de Él, arrepiéntete del pecado y ríndete en oración y podrás vivir en la misma presencia de Él cada día.

¿Quieres ver cosas extraordinarias en tu vida?

Debes saber que:

-La oración es un arma poderosa contra el reino de las tinieblas.

Pero sin oración:

Cederás a la tentación.

Serás presa fácil del enemigo.

Estarás en derrota.

Perderás la batalla.

Estarás perdido y sin dirección.

También debes saber que:

-La oración fortalece al débil y lo hace fuerte.

-La oración es poderosa, vencerás al enemigo.

-La oración es la comunicación más importante en tu vida.

-La oración es un arma poderosa, te dará consolación.

Elías en la oración obtenía la autoridad espiritual en su vida, para ejercer su precioso llamado.

¿Cuántas veces oras tú al día?

Contéstate tú mismo…¿Cuántas veces entras a las redes sociales para ver cómo están tus amigos, o cuánto tiempo pierdes en otras cosas que no edifican?

Dios te llama a que entres en oración para que puedas tener autoridad divina para vencer sobre el mal, el cual se está viendo en estos días en el mundo entero.

¿Necesitas paciencia?

¿Necesitas perdonar?

¿Necesitas obedecer?

¿Necesitas ser sanado?

¿Necesitas olvidar lo que te hicieron en el pasado?

Dedica un tiempo durante el día para hablar con Dios y verás la gran diferencia, la confianza que empezarás a tener en el que Todo lo puede.

Elías fue un defensor de la adoración al verdadero Dios, exhortando con la autoridad del cielo.

II-CONOCIÓ EL PODER DE DIOS.

Tuvo varias experiencias sobrenaturales:

1-Los cuervos, siendo obedientes a su creador, le alimentaron en un tiempo difícil en su vida, éstos le llevaban pan y carne.

"Y los cuervos le traían pan y carne por la mañana, y pan y carne por la tarde; y bebía del arroyo" 1ª. Reyes 17:6.

¡Experimentó en su propia vida a un Dios proveedor!

¿Estás pasando momentos de escasez en tu vida?

¿No tienes ni lo básico para vivir, no tienes los recursos para pagar tus gastos, sientes que estás viviendo en calamidad?

Lo primero que debes hacer es entregarle tu vida completa a Él, pedirle perdón, arrepentirte de todos tus pecados y luego llevar una vida de oración y lectura de la Palabra de Dios. Así podrás ser un hombre o una mujer llena de su poder y Él será tu proveedor en todo tiempo.

2-La viuda de Sarepta recibe un milagro de provisión cuando la muerte acechaba su casa, y donde pensaba que ya iba a morir junto con su hijo.

¿Te has sentido alguna vez con temores en tu propio hogar y has tenido pensamientos así?

Recuerda: Dios visita los hogares de los desamparados; esta viuda estaba en condiciones deplorables, pero recibió la visita más importante en ese tiempo de escasez y ella fue obediente a la voz del profeta de Dios, fue por eso que salió de la pobreza a la prosperidad, pasó de muerte a vida.

"Entonces ella fue e hizo como le dijo Elías; y comió él; y ella, y su casa, muchos días.

Y la harina de la tinaja no escaseó, ni el aceite de la vasija menguó, conforme a la palabra que Jehová había dicho por Elías." 1ª. Reyes 17:15, 16.

Dios en estos tiempos está llamando a hombres y mujeres para que lleven palabras de esperanza acompañadas de milagros a este mundo necesitado de su presencia.

Pero, sin obediencia el ser humano está condenado; esta mujer en los momentos más críticos de su vida supo dar y creyó a la Palabra de este gran hombre de Dios y vio su milagro.

¿Qué milagro estás esperando tú en este día?

Dios lo puede hacer, es tu obediencia a la Palabra de Dios la que hará que se realice tu milagro. Y nunca más habrá escasez, sino abundancia para que puedas vivir bien y que también puedas bendecir a otros.

¡No digas mañana lo haré, éste es el día de creer y obedecer!

3-Vio revivir a un niño muerto.

La madre de este niño había hospedado a Elías en su casa, pero vivió momentos de angustia por el dolor de ver morir a su hijo, ella malinterpretó la visita del profeta a su casa, sabía que era un varón de Dios pero expresaba palabras que venían de un corazón no rendido completamente; pero Dios manifiesta su poder hacia ella, por la oración intercesora de este hombre llamado por Dios.

"Y se tendió sobre el niño tres veces, y clamó a Jehová y dijo: Jehová Dios mío, te ruego que hagas volver el alma de este niño a él.

Y Jehová oyó la voz de Elías, y el alma de niño volvió a él, y revivió.

Tomando luego Elías al niño, lo trajo del aposento a la casa, y lo dio a su madre, y le dijo Elías: Mira, tu hijo vive.

Entonces la mujer dijo a Elías: Ahora conozco que tú eres varón de Dios, y que la palabra de Jehová es verdad en tu boca. 1ª. Reyes 17:21-24.

Esta mujer fue transformada en su manera de pensar, ahora había conocido a un Dios de poder, por un hombre genuino llamado por Dios, confirmando que lo que él hacía venía de parte del Todopoderoso.

3-Vio caer fuego del cielo frente a todos los adoradores de Baal.

El rey Acab convocó a todo el pueblo y reunió a los falsos profetas, Elías llegó a exhortarlos y les preguntó que ¿hasta cuándo ellos estarían claudicando en dos pensamientos?

Sólo Elías había quedado como profeta de Dios, todos se habían corrompido tras la idolatría. Eran 450 los profetas de Baal y los retó a que ellos invocaran a su dios y que cayera fuego sobre el holocausto… Estos hombres empezaron a clamar a su dios, pasaban las horas y nada sucedía.

"Y ellos tomaron al buey que les fue dado y lo prepararon, e invocaron el nombre de Baal desde la mañana hasta el mediodía, diciendo: ¡Baal, respóndenos! Pero no había voz, ni quien respondiese; entre tanto, ellos andaban saltando cerca del altar que habían hecho.

Y ellos clamaban a grandes voces, y se sajaban con cuchillos y con lancetas conforme a su costumbre, hasta chorrear la sangre sobre ellos." 1ª. Reyes 18:26, 28.

¡Y nada sucedió, todos fueron avergonzados!

¿A qué dios tú has clamado en los momentos angustiosos?

Ya no sigas clamando a dioses falsos, no sigas inclinándote a imágenes que no tienen vida y que no te pueden contestar.

Hay un solo Dios verdadero, el que envió a su Unigénito Hijo al mundo a morir por tus pecados para que seas libre de todo mal.

Después de esperar mucho tiempo Elías se paró con toda autoridad, dio ciertas órdenes y esto sucedió:

"Cuando llegó la hora de ofrecerse el holocausto, se acercó el profeta Elías y dijo: Jehová Dios de Abraham, de Isaac y de Israel, sea hoy manifiesto que tú eres Dios en Israel, y que yo soy tu siervo, y que por mandato tuyo he hecho todas estas cosas.

Respóndeme, Jehová, respóndeme, para que conozca este pueblo que tú, oh Jehová, eres el Dios, y que tú vuelves a ti el corazón de ellos.

Entonces cayó fuego de Jehová, y consumió el holocausto, la leña, las piedras y el polvo, y aun lamió el agua que estaba en la zanja. 1ª. Reyes 18:36-38.

¿Qué glorioso ese momento?

Dios respondió al clamor de un verdadero hombre de Dios y el pueblo se maravilló; vieron su gloria, se postraron y reconocieron que Jehová era el único Dios. Luego hubo una sentencia de muerte hacia los profetas de Baal.

Un hombre llamado por Dios tiene que ser de oración para que pueda ser usado de una manera gloriosa y así, los que no creen, puedan creer por los milagros.

5-Otro milagro poderoso fue cuando Elías oró por lluvia en un tiempo de sequía y Dios obró de una manera poderosa, la naturaleza obedeció a la voz de un siervo fiel.

"Y aconteció, estando en esto, que los cielos se oscurecieron con nubes y viento, y hubo una gran lluvia. Y subiendo Acab, vino a Jezreel." 1ª. Reyes 18:45.

¿Qué sequía hay en tu vida que no has podido saciar?

¿Es en tu mente?

¿Es en tu corazón?

¿O es en tu espíritu?

Él está esperando que le reconozcas como el dueño y Señor de tu vida, y verás la manifestación divina cada día de ella.

Dios enviará la lluvia en este tiempo difícil que estás atravesando, no le creas al enemigo, porque él es el padre de toda mentira.

Elías, fue un hombre de oración, de entrega, que pudo ver los milagros realizarse en su propia vida y también en la vida de otros.

Tú eres un hombre y una mujer que Dios está llamando en estos últimos tiempos, rinde tu vida a Él y entrarás en el ejército divino para pelear contra toda hueste de maldad y verás milagros tras milagros.

Deseas enlistarte hoy en este ejército divino, lo primero es que hagas una oración de arrepentimiento, repite esta oración y di:

Padre Celestial, te pido perdón en este día, me arrepiento de todos mis pecados, te pido que entres a lo más profundo de mi ser, reconozco en este día a tu Hijo Jesucristo como el Salvador de mi alma, sé que Él murió en la Cruz del Calvario pero que al tercer día resucitó de entre los muertos y que hoy está sentado a la diestra tuya, intercediendo por mí. Hoy te lo pido en nombre de Él. Amén, amén y amén.

El padre

De la

Sicología

Terminó

Loco.

Tú no te

Engañes

Con

Vanidades.

Dra.

La Vid

Ya viene Jesucristo

Y el

Incrédulo

Se quedará.

Mary Escamilla

Dra. ♥

La Vid

Sé un
Auténtico
Cristiano,
No un
Anticristo.

Mary Escamilla

Dra.

La Vid

Dios es
Todopoderoso,
Tú eres
Su creación,
Te hizo a
Semejanza
De Él.

Mary Escamilla
Dra. ♥

La Vid

El Hades
Está en el
Centro
De la
Tierra.
Tú evita
Ir allí.

Mary Escamilla
Dra. ♥

La Vid

Yo confío en Dios
Sobre todas las cosas,
Porque Él está
Siempre conmigo.

Mary Escamilla
Dra. ♥

La Vid

Los ricos
Son los que
Verdaderamente,
Espiritualmente,
Se enriquecen.

Mary Escamilla
Dra. ♥

La Vid

Las emociones

Y los sentimientos,

Si no son verdaderos,

Te llevan al

Fracaso.

No corras
A hacer el mal,
Porque Dios
Aborrece eso.

Amada iglesia,

Estamos en tiempo

De la Gracia, no

Desperdicies el tiempo.

Mary Escamilla
Dra. ♥

La Vid

Para Dios,

Los fornicarios

Son abominables.

Mary Escamilla
Dra. ♥

El corazón es
El centro del
Ser humano,
Guárdalo del Mal.

Mary Escamilla
Dra. ❤

La Vid

No causes división
Entre hermanos,
Eso es abominación
Para Dios.

Mary Escamilla
Dra.

Los hombres

Necios pervierten

La Palabra.

Mary Escamilla
Dra. 🖤

La Vid

No maquines
Iniquidades
Contra tu
Prójimo o
Recibirás
Castigo.

Mary Escamilla
Dra. ♥

Lázaro

Juan 11:38-44

EL LLAMADO DE LÁZARO

Lázaro era hermano de María y Marta, dos mujeres que tenían una buena relación con Jesús.

¡Qué gran privilegio!, sin embargo, ellas pasaron un momento muy duro, ya que su hermano al que tanto amaban, murió.

Lázaro fue enterrado, no había esperanzas de ninguna forma humana que él volviera a la vida.

Este hombre fue llamado por Dios desde su tumba, teniendo ya cuatro días de muerto.

¡Esto es increíble!

Se comprueba la divinidad de Jesucristo aquí en la tierra y la íntima relación que él tenía con su Padre Celestial.

Este milagro es uno de los más maravillosos de los evangelios, después de la resurrección de Jesucristo.

Aunque su hermana Marta creía que Lázaro resucitaría en el día postrero, no esperaba que Jesucristo lo hiciera ese mismo día.

Y Jesús le dijo:

"Yo soy la resurrección y la vida; el que cree en mí, aunque esté muerto, vivirá.

Y todo aquel que vive y cree en mí, no morirá eternamente. ¿Crees esto? "Juan 11:25-26.

Al oír Marta estas palabras, creyó.

Dios tiene todo el poder para hacer que lo imposible sea posible, sólo cree y verás la gloria de Dios.

Sin embargo, muchos ahora mismo viven en la incredulidad.

¡Qué lástima!

Pero hay un grupo que sí tienen fe para creer que Dios es Todopoderoso.

I-LÁZARO EXPERIMENTÓ EL PODER DE RESURECCIÓN.

¿Acaso hay algo imposible para Dios?

NO.

Todo lo que tú le pides de acuerdo a sus riquezas en gloria, Él te lo da cuando tú crees y tienes fe.

¡No hay nada imposible para Él!

Mira, aunque sus hermanas estaban inconsolables y no podían asimilar su muerte, cuando Jesús llega le dicen: "Maestro, si tú hubieras estado aquí, él no habría muerto."

¡He ahí la incredulidad!

Pero Jesús les responde: "No te he dicho que si crees, verás la gloria de Dios."

Del mismo modo, amado lector, tienes que creer que Él todo lo puede.

Pero Dios tenía un propósito para la vida de Lázaro y ni la misma muerte pudo detenerlo.

Asimismo, Él lo puede hacer contigo cuando sientes que no hay esperanzas, Él aparece para darte una nueva vida.

¿En qué áreas de tu vida sientes que ya todo terminó y te sientes derrotado cansado? ¿O piensas que esa enfermedad que ha llegado a tu cuerpo no tiene cura?

Cree que Jesucristo en la Cruz del Calvario llevó todos tus dolores y tus enfermedades, llámese como se le llame.

¡Por su llaga fuiste curado, nunca debes dudarlo!

Quizá pienses que en tu vida emocional ya todo terminó, que nadie te va a querer sólo porque alguien te rechazó, o te sientes feo o fea, que no tienes atractivo, o fuiste traicionado.

No importa cómo te sientes.

Mira, hoy Dios quiere libertarte de cualquier esclavitud en la cual el enemigo te tenga. Las hermanas de Lázaro estaban inconsolables, pero en medio de la oscuridad y más grande tiniebla, aparece el Dios Todopoderoso para darles esperanza. Así lo quiere hacer contigo, levantarte para restaurarte y también prosperarte.

¡Vas a vivir, no morirás!

Así como Lázaro resucitó teniendo cuatro días de muerto, de ahí, de la misma sepultura, lo sacó el Señor Jesucristo, Él le dio la orden de salida y él obedeció porque Él tiene toda autoridad en el cielo y en la tierra.

¡No te desalientes!

Posiblemente tú te sientes muerto en vida porque no tienes aliento ni acción para nada, la oscuridad de la tristeza ha entrado en tu corazón, perdiste el gozo y sientes depresión y estrés.

El Señor les dice a esos espíritus: ¡SALGAN!, ¡FUERA!

No tienen derecho de vivir dentro de un hijo de Dios.

Ahora entrégale tu vida completa al Señor Jesucristo y tendrás la fe para decirle a esos espíritus que se vayan de ti en el nombre de Jesús, repréndelos sean cuales sean.

Si es depresión…Dile fuera, y que venga el gozo a tu vida.

Si es ansiedad… Dile no tienes cabida en mi vida, porque no estaré más afanado(a), basta cada día su afán.

Si es melancolía…Dile, ¿sabes qué?, Dios me ha dado vida para disfrutarla, así que déjame vivir.

Y así háblale a los sentimientos que quieren venir a derribarte y a que te sientas que ya no hay esperanzas.

Recuerda siempre, así como Lázaro fue llamado por el Señor, tú también tienes tu llamado; debes estar listo para escuchar la voz de Dios cuando Él te llame.

Jesús te ama y llora por ti del mismo modo, cuando Él supo que Lázaro había muerto, dice la Biblia que Jesús lloró mostrando sus sentimientos hacia este hombre, porque lo amaba.

Asimismo, Él llora cuando te sientes fracasado y sin esperanzas.

Recuerda:

¡Él siempre te está esperando!

Búscalo cada día, Él no es un Dios que te va a maltratar, NO, sus oídos están prestos al clamor de aquellos que le buscan con un corazón sincero y contrito.

¡No tardes más, ven hoy a sus brazos!

Dios se identifica con tu dolor, como en esta historia.

La muerte para todos los seres humanos es algo que no podemos cambiar, pero Jesucristo es el Hijo de Dios, Él mostró su gran poder sobre la muerte varias veces:

Como cuando resucitó al hijo de la viuda. Lucas 7: 11-17.

Con la resurrección de Lázaro y hasta en su propia muerte.

Él venció en la Cruz del Calvario, porque derrotó a la muerte.

II-SU LLAMADO SIGUE IMPACTANDO HASTA HOY.

Y aunque Lázaro sufrió en su enfermedad, sus hermanas hasta cierto punto culpaban a Jesús por no haber estado ahí para que él no muriera. Él sabía todo y el tiempo en que intervendría para que su Padre fuera glorificado.

A través de este llamado podemos conocer a Jesús siendo conmovido.

"Jesús, profundamente conmovido otra vez, vino al sepulcro. Era una cueva, y tenía una piedra puesta encima." San Juan 11:38.

Asimismo, el Señor se conmueve de tu condición, Él se compadece de ti y de tu situación; aunque no lo creas, Él sabe lo que tú necesitas antes que se lo pidas.

¡Ven acércate a Él y lo conocerás!

Dios quiere que sepas en este día que te ama más de lo que tú puedas imaginar.

Así que, deja de seguir diciendo:

-Nadie me quiere.

-Nadie me apoya.

-Nadie me comprende.

-Nadie se interesa en mí.

-Nadie me visita.

-Nadie se compadece de mí.

-Nadie me consuela en mi dolor.

Basta ya de tanta negatividad, no te sigas quejando constantemente de tu condición, es mejor que estés listo para tu llamado.

Lázaro estaba muerto, llegó Jesús delante de los presentes en el sepulcro y...

"Dijo Jesús: Quitad la piedra. Marta, la hermana del que había muerto, le dijo: Señor, hiede ya, porque es de cuatro días.

Jesús le dijo: ¿No te he dicho que si crees, verás la gloria de Dios?" San Juan 11:39, 40.

Del mismo modo, ¿qué piedras tienes que quitar de tu camino para que puedas ver las grandes maravillas que Él quiere hacer en tu vida?

Aquí la hermana de Lázaro tenía una gran piedra que derribar en sus pensamientos y era la incredulidad.

Porque para ella no era posible creer, su mente humana era limitada y no tenía esa dimensión de fe para creer que Jesús podía hacer ese gran milagro de resucitar a su hermano Lázaro.

¿Qué piedras tienes que quitar de tu propia vida para ser un hombre y una mujer de fe?

¿Será la duda?

¿Será la incredulidad?

¿La falta de perdón?

Vamos ahora mismo, derriba, destruye, quita esa piedra en el nombre de Jesucristo y Él hará lo imposible, posible.

En el mundo en que vivimos hay tanta incredulidad a las cosas que vienen del cielo, y muchos se han conformado a buscar en lugares incorrectos para encontrar la solución a sus problemas, olvidándose que solamente Dios es Todopoderoso.

Por ejemplo:

Has creído más en la ciencia que en Dios.

Has creído más en el clarividente que en Dios.

Has creído en la santería, brujería y no en Dios.

O has creído más en algún ídolo o santo, que no tienen ningún poder.

¡Alto!

Renuncia ahora mismo, quita esa piedra grande que está estorbando a que seas libre de esa enfermedad, de esos vicios, de esas ataduras emocionales que te han llevado hasta al deseo de no vivir.

¡Déjale todas tus cargas a Él!

Jesucristo, frente al sepulcro, dio la orden de quitar esa piedra que estorbaba para que Lázaro saliera y luego eleva una oración al Padre Celestial, como señal para que los que estaban presentes vieran que ese poder venía de arriba, y solamente dijo:

"Padre, gracias te doy por haberme oído."

Jesucristo lo dijo por la multitud que estaba alrededor; para que creyeran que su Padre lo había enviado a la tierra.

Qué gloriosa confianza saber que alguien nos oye desde el cielo, porque Él escucha la oración del justo.

Del mismo modo, el rey David se hizo la pregunta en uno de sus salmos, y dice:

¿De dónde vendrá mi socorro? Y luego contestó: "Mi socorro viene de Jehová, que hizo los cielos y la tierra".

Aliéntese tu corazón en medio de las tormentas que estés pasando.

Jesús clamó a gran voz: ¡Lázaro, ven fuera!

Y Lázaro salió caminando manifestándose el poder del Padre a través de su Hijo.

Tal vez hay situaciones que están muertas en tu vida, y que tienes que hablarles en voz alta y declarar que tomen vida, del mismo modo que clamó Jesús.

Hazlo ahora mismo, diles a gran voz:

A esos sueños que has enterrado.

A esas promesas de Dios, las cuales olvidaste.

A esas palabras proféticas que abortaste.

A esa fe, que antes tenías, pero fue enterrada.

A esos talentos que has enterrado, ve y dales la orden que vuelvan a la vida para que tu propósito se cumpla aquí en la tierra, porque te está llamando Dios.

Y Lázaro, al oír las palabras de Jesucristo desde la tumba empezó a salir, obedeciendo a la voz del Maestro.

"Y el que había muerto salió, atadas las manos y los pies con vendas, y el rostro envuelto en un sudario. Jesús les dijo: Desatadle, y dejadle ir." San Juan 11:44.

Dios se glorificó a través de su Amado Hijo Jesucristo.

Hay una promesa también para tu vida, que un día este cuerpo va a morir, pero seremos resucitados para una vida eterna, lo único que tienes que hacer hoy mismo es aceptar ese sacrificio que Jesucristo hizo por ti en la Cruz del Calvario.

No tardes en tomar esta decisión. ¡Hazlo ya!

Lázaro no había cumplido su llamado y, esta experiencia sobrenatural, de haber sido resucitado de entre los muertos lo hizo ganar muchas almas para el reino de Jesucristo.

Asimismo, tu testimonio será impactante para otros, no lo tengas en poco. Si ya recibiste a Jesucristo, empieza a hablarles a otros de dónde el Señor te rescató y te levantó.

¿Fue de las drogas?

¿Fue de la prostitución?

¿Fue de la idolatría?

¿Fue de las cosas ocultas?

¿Fue de la violencia doméstica?

¿Fue de una vida de confusión?

Empieza a hablarles a otros y a contar cuán grandes cosas el Señor ha hecho contigo, para que muchos vengan a conocer de Jesucristo.

Cuando vieron a Lázaro resucitado, multitudes lo buscaban para verlo porque muchos no lo creían, pero en medio de ese avivamiento se levantaron todos los principales y sacerdotes y se reunieron para planear quitarle la vida a Lázaro.

"Pero los principales sacerdotes acordaron dar muerte también a Lázaro, porque a causa de él muchos de los judíos se apartaban y creían en Jesús." San Juan 12:10,11

¡Qué terrible situación la que Lázaro estaba pasando!, pero su llamado fue extraordinario y maravilloso, él representaba el gran poder de Dios manifestado.

Los malos se levantaron para atacarlo, pero Lázaro cumplió su llamado en esta tierra.

Ahora quiero preguntarte, ¿quieres tú resucitar después que Dios te llame a su presencia, estar frente a Él y que Él te llame por tu nombre y te diga entra al gozo de tu Señor? Sólo hay una manera; reconocer a su Unigénito Hijo Jesucristo y dejarlo entrar a tu vida.

¿Lo quieres hacer?

Si tu respuesta es Sí, haz esta oración:

Gracias Padre Eterno, por la oportunidad que me das hoy que tengo vida de arrepentirme por todos mis pecados, te he fallado muchas veces, pero ahora quiero recibir en mi corazón a Jesucristo como mi único y suficiente Salvador de mi alma, te pido que entres a lo más profundo de mi ser, yo sé Padre Celestial que lo enviaste para que muriera por todos mis pecados, te lo pido en el nombre de tu Amado Hijo, mi Salvador. Amén, amén y amén.

Alcanza
Siempre
Tus metas,
En el precioso
Nombre de Jesús.

Mary Escamilla
Dra. ❤

Los que
Esperan en
Dios,
Nunca
Serán
Avergonzados.

Mary Escamilla
Dra. ❤

La Vid

El tesoro

Más grande

Es Dios,

En primer

Lugar,

En seguida

Tu Ministerio,

Que es tu Familia.

Mary Escamilla

Dra.

No dejes

Que tus

Pensamientos

Dominen

Tu vida.

Mary Escamilla

Dra.

Jesús

Pagó la

Deuda de

Tus pecados,

Te dio

El Mejor

Regalo

De Amor.

Mary Escamilla
Dra. ❤️

La Vid

El arrebatamiento
De la Iglesia viene
Y es real.
¿Estás preparado?

Mary Escamilla
Dra. ♥

Transfórmate,

Cámbiate,

Renuévate,

Para que

Puedas ir

Al Cielo.

Mary Escamilla
Dra. ♥

La Vid

La verdadera
Riqueza son
El Conocimiento
Y la Sabiduría.

Mary Escamilla
Dra. ❤

La Vid

Dios, es un Dios
De Misericordia y
Perdón.

Mary Escamilla
Dra. ❤

La Vid

Pon en primer

Lugar tu comunión

Con Dios.

Mary Escamilla
Dra. ♥

No te juntes
Con ninguno
Que se llame
Hermano y sea
Un ladrón o avaro.

Mary Escamilla
Dra. ♥

La Vid

El que habla
Y conoce la
Palabra de Dios
Y no da buen
Testimonio,
Es un hipócrita.

Mary Escamilla
Dra. 🖤

La Vid

El Dictado

De Dios

Es Perfecto.

Mary Escamilla
Dra. ♥

La Vid

Dios se
Aparta
De los que
Hacen malas
Acciones.

Mary Escamilla
Dra. ♥

La Vid

Cuando Dios
Te quebranta,
Después te da
Un grande gozo.

Mary Escamilla
Dra.

Lucas 6:45

EL LLAMADO DE LUCAS

Fue una persona con buena educación, destacándose en la profesión de médico; además fue un escritor muy talentoso que escribió sobre la vida de Jesús en el evangelio que lleva su nombre.

Se dice que posiblemente Lucas no haya alcanzado a conocer a Jesús, pero era un hombre consagrado en la iglesia primitiva y lo vemos siendo un discípulo del Apóstol Pablo, a quien acompañó en muchos de sus viajes; de los cuales habla en tres de sus cartas.

"Os saluda Lucas el médico amado, y Demas. "Colosenses 4:14.

En el evangelio de Lucas, él enfatizó que Jesús había venido a salvar a los perdidos de toda clase social.

"Porque el Hijo del Hombre vino a buscar y a salvar lo que se había perdido." San Lucas 19:10.

¡Qué gran amor el de Dios, para con el hombre!

Quienes aun siendo pecadores, envió a su Hijo a salvarnos.

¿Eres salvo o todavía no?

¡Ahora es el día de tu salvación!

Lucas nos llena de esperanza a través de este evangelio que, si te sientes perdido, a través de su Hijo:

Te puede levantar.

Te puede restaurar.

Te puede prosperar.

Te puede limpiar.

Te puede proteger.

Te puede sanar.

Te puede sustentar.

¡Todo lo bueno viene de parte de Dios para tu vida!

A Lucas se le conoce como un defensor de los pobres y de aquellos que viven oprimidos.

También habla de trece mujeres, lo cual no lo vemos en los otros evangelios, dándoles un valor especial.

¡Extraordinario!

En el llamado de este hombre de Dios, podemos ver cualidades de las cuales podemos aprender mucho.

I-UN HOMBRE FIEL A SU LLAMADO MISIONERO.

Fue fiel a Dios primeramente y también al hombre que Dios eligió para que fuera su líder y juntos trabajaron para Dios.

El Apóstol Pablo se refiere haciendo mención de nosotros, refiriéndose a Lucas, ya que tuvieron el llamado al ministerio misionero.

Este ministerio fue muy atacado, sufrieron persecución y muchos maltratos, pero su fidelidad a Dios los llevó hasta dar su vida por este evangelio, porque los dos permanecieron fieles a su llamado.

¡Qué grandes misioneros del Señor!

Sin embargo, qué difícil es en estos tiempos encontrar una amistad sincera.

Lucas fue un verdadero amigo que estuvo con Pablo en las buenas y en las malas, y lo acompañó hasta el final de sus días, cuando él expresó.

"Porque yo ya estoy para ser sacrificado, y el tiempo de mi partida está cercano.

He peleado la buena batalla, he acabado la carrera, he guardado la fe." 2ª. Timoteo 4: 6, 7.

Allí estaba Lucas con Él en esos momentos ya de su partida, con el Señor dándole esos cuidados que Él necesitaba.

¡Qué bendición tener un amigo así!

¿Deseas tener a un esposo fiel hasta el final de tus años?

¿Deseas tener una mujer que cuide de ti, cuando no puedas valerte por ti solo?

¿Deseas tener hijos que no se olviden de ti en tu vejez?

Desde hoy prepara y siembra buenas semillas con ellos y cosecharás todos los frutos maravillosos de una amistad sincera y llena de amor, hasta con los de tu familia en fe y de sangre.

Cuántas personas mayores están hoy en centros de convalecientes o en hogares de ancianos, porque sus hijos los han abandonado cuando ellos más los necesitan, sabiendo que ellos sacrificaron muchas cosas por cuidar de sus hijos.

La familia es lo más importante después de Dios, deja de sembrar malos tratos, palabras ásperas y llénate del amor de Dios que es perfecto y serás cambiado de tu mente y tu corazón, que lo que salga de tu boca sean palabras dulces de edificación y de amor.

Así como Lucas fue transformado en otro hombre, cuando conoció el verdadero amor del Padre recibiendo a Jesús en su corazón, eso lo convirtió en un hombre fiel.

Pero Jesucristo es, el verdadero amigo fiel.

Si le das entrada a Jesús en tu vida, podrás serle fiel a tu cónyuge y llegar hasta el final juntos, cuidándose el uno al otro, apoyándose mutuamente.

Aunque te fallen las amistades no quedarás cautivo en el resentimiento ni en el dolor, sino superarás las traiciones recibidas y, cuando la comunicación verbal se pierda con esas personas, tu corazón estará libre para orar y pedirle a Dios por ellas, teniendo ese amor misericordioso.

¿Alguna vez te han traicionado?

¿Alguna vez te han mentido?

¿Alguna vez te han humillado?

¿Alguna vez te han despreciado?

Tu respuesta de seguro será "no solo una vez, muchas veces"; pero éste es el día que le pidas a Dios que sane las heridas que te dejaron esas amistades y que empieces una nueva página en tu vida, perdona de corazón y olvidarás todas las ofensas recibidas.

Lucas es un ejemplo de gran fidelidad, pues él escribe el evangelio de la Gracia de Dios y remarca la actitud de Jesús hacia el necesitado, a los humildes, a aquellos de quienes nadie se interesa.

Podemos aprender de este hombre que Dios llamó, que un corazón fiel es aquel que tiene comunión con Dios.

Por eso lo vemos cuando escribe el evangelio y menciona nueve oraciones que Jesucristo hizo, una de ellas fue cuando Jesús iba a ser bautizado.

"Aconteció que cuando todo el pueblo se bautizaba, también Jesús fue bautizado; y orando, el cielo se abrió,

y descendió el Espíritu Santo sobre él en forma corporal, como paloma, y vino una voz del cielo que decía: Tú eres mi Hijo amado; en ti tengo complacencia." San Lucas 3: 21, 22

Aquí podemos apreciar el poder que tiene la oración, cuando llegamos al trono celestial algo grande se produce, dice que cuando Jesús oraba el cielo se abrió.

¡Grandioso y maravilloso!

Quieres que los cielos se te abran y que empiecen a caer las bendiciones de lo alto para que puedas ser transformado en otro hombre o en otra mujer.

¿Ese es el deseo de tu corazón?

Ya no seguir siendo el mismo hombre pecaminoso.

Ya no seguir siendo la mujer quejosa, llena de celos amargos o ataduras.

Rinde tu vida entera hoy mismo y verás cómo vendrán a tu vida las cosas que jamás imaginaste tener.

Caerá la paz del cielo.

Vendrá el amor de regreso.

Tu matrimonio se restaurará.

Tus hijos serán obedientes.

Se cancelará ese divorcio.

Se terminará la calamidad.

Vendrá el gozo perdido.

Y descenderá sobre ti el Espíritu Santo, cuando te hayas rendido a Él y le obedezcas.

¡Es hermosa la oración!

Dios quiere que seamos fieles a las amistades y que reconozcas a quienes te han hecho bien en los tiempos difíciles, porque a Dios le desagrada que no seas agradecido, mira lo que dice su palabra:

"Al que solapadamente infama a su prójimo, yo lo destruiré;

No sufriré al de ojos altaneros y de corazón vanidoso. "Salmo 101:5.

Como puedes ver, de nada sirve la vanidad, tú no quieres ser destruido sino al contrario, que Dios edifique en ti todas las cosas buenas que vienen de parte de Él.

Ahora mira lo que les dice a los que son fieles:

"Mis ojos pondré en los fieles de la tierra, para que estén conmigo;

El que ande en el camino de la perfección, éste me servirá." Salmo 101:6.

Es por eso que Lucas afirma la importancia de la oración, ya que él fue transformado en un hombre fiel a Dios y a sus amistades.

¡Qué maravilloso tener amigos y compartir con ellos las bendiciones recibidas de parte de Dios!

II-SE GOZÓ CON SU LLAMADO, SIENDO EJEMPLO DE SUJECIÓN.

Muchas personas anhelan tener otros llamados, cuando Dios les ha entregado un llamado personal y no han obedecido.

Algunas veces es porque no les gusta que nadie los dirija, quieren ser ellos los que lleven la delantera, quieren tomar autoridad sobre otros y no quieren obedecer las órdenes de otros, o sea que les gusta estar en la posición de autoridad y no de sujeción. Recuerda siempre que entre más grande sea tu llamado, más humilde debes ser, los postreros serán los primeros, no olvides nunca que el gran Yo Soy, fue humilde.

Y éste es un problema mundial, en todas las esferas lo vemos como, por ejemplo:

La mujer no quiere sujetarse al esposo.

El empleado no quiere sujetarse a las órdenes de su jefe.

El miembro de la iglesia no quiere obedecer al pastor.

En la escuela los hijos no se sujetan a lo establecido.

Las personas no obedecen a la autoridad.

Y en todo lugar donde vayan, quieren dar órdenes y no obedecer nada ni a nadie.

Estamos tan necesitados de personas dóciles y que se puedan sujetar a las autoridades superiores, asimismo, como está establecido y escrito en la Palabra de Dios.

Nadie lo podrá logar si primero no amamos de corazón a Dios y nos humillamos delante de Él; es así como vamos a ser transformados de todo nuestro corazón, nuestra mente y alma.

Y entonces podremos sujetarnos a los demás, Lucas es un gran ejemplo en este ministerio al cual fue llamado; un misionero que caminó en obediencia con su líder el apóstol Pablo y nos dejó una gran enseñanza.

A pesar que Lucas era un hombre de buena posición y estudiado como lo era Pablo, se llevaban bien, posiblemente había diferencias de carácter como es normal, pero esas diferencias no impidieron que ellos realizaran su llamado unidos con Cristo.

Hay muchas cosas que impiden que no haya una buena comunicación los unos con los otros, y que no te puedas sujetar a lo que ha sido establecido por Dios.

La soberbia, el orgullo, la vanidad, son algunas cosas que debemos pedirle a Dios que sean quitadas de nuestro corazón, ya que éstas son enemigas de la sujeción.

Porque cuando hay soberbia, se cree tener siempre la razón.

No se recibe instrucción de nadie.

Se es una persona calumniadora.

O también hipócrita.

Y a ti, ¿qué te hace creerte más de lo que tú eres, te hace creer que tú eres el que puede hacer mejor las cosas, el que mejor puede hablar, el que mejor dirige, el que mejor escucha, y el que mejor trabaja? Así posiblemente te ha tenido engañado este espíritu de soberbia y orgullo por toda la vida; pero recuerda que sin Jesucristo en tu corazón seguirás siendo engañado, pero si te humillas, Él te exaltará, ya no serás tú exaltándote sino Él lo hará por ti.

¡Qué maravilloso!

Pídele a Dios ser humilde y sincero; eso significa darle todo el corazón a Dios.

Lucas es un gran ejemplo de sujeción y la hubo porque tenía a Dios en primer lugar, y eso hacía que hubiera una buena comunicación con su compañero de ministerio.

¿Qué mensaje nos deja este hombre llamado por Dios?

Que, sí se puede caminar junto a alguien y estar hasta el final sujetándose, siendo obediente, porque Dios es el que transforma los pensamientos.

Dejemos de ejercer la autoridad sin amor, en el hogar a veces los padres dicen:

Haz esto y lo otro… Obedéceme porque yo soy tu papá o tu mamá.

Y se olvidan del ingrediente indispensable para que se sujeten a nosotros que es el vínculo perfecto, que debe de haber amor; pero no podremos ejercer nuestro primer llamado en nuestro hogar cuando lo hacemos sin amor, porque ese es nuestro primer ministerio.

Asimismo, será imposible querer ejercer autoridad cuando nosotros no estamos gozando de ese amor, seremos impulsados por nuestro propio corazón que está lleno de enojo, iras, contiendas y tantas otras cosas malas.

Lucas sabía que para poder sujetarse era importante tener una buena comunicación y, para ello, es importante cómo nos expresamos.

La Biblia nos dice que las palabras que salen de nuestra boca tienen que ser gratas al oyente.

"Panal de miel son los dichos suaves;

Suavidad al alma y medicina para los huesos." Proverbios 16:24.

¡Mira qué impacto traen las palabras!

Cuántas veces tú has hablado con palabras hirientes a tu propia esposa o a tu esposo, o también a tus hijos; y es por eso que no se sujetan a ti.

¿Cuánta dulzura te hace falta?

Para que hagas feliz a tu esposo o tu esposa, a toda tu familia, a los vecinos y a la gente en general.

Pero:

NO desmayes porque:

¡Hay esperanzas en Cristo Jesús!

Las palabras tienen que ser adornadas con decoraciones de amor, de gracia y de dulzura.

"Manzana de oro con figuras de plata

Es la palabra dicha como conviene." Proverbios 25:11.

Deja ya de seguir hablando ese lenguaje que tanto ha dañado a tu familia y pídele a Dios que te llene de sabiduría para que salgan de ti palabras llenas de gracia, de paciencia y de edificación.

"Las palabras de la boca del sabio son llenas de gracia, mas los labios del necio causan su propia ruina" Eclesiastés 10:12.

Deben tus palabras traer consolación al oyente, hay muchos consejos bíblicos para que aprendas estas verdades que tanta falta están haciendo en los hogares y en todo el planeta.

"Jehová el Señor me dio lengua de sabios, para saber hablar palabras al cansado; despertará mañana tras mañana, despertara mi oído para que oiga como los sabios." Isaías 50:4.

No será esto maravilloso; que Dios mismo te despierte y te haga saber a tu oído su palabra.

Lucas es un gran ejemplo que había aprendido a oír la voz de su creador, y llegó a ser fiel a su llamado y al hombre que Dios puso a su lado aquí en la tierra, siendo también un gran ejemplo de sujeción que, aunque era un hombre de una posición alta y estudiado en aquella época, supo sujetarse a Pablo porque supo atender a su llamado con humildad.

Te invito, si quieres seguir estos preciosos ejemplos que te ayudarán en tu vida personal y la familiar, para que todo marche en amor y paz. Lo primero para poder lograrlo es rendirle tu vida a Dios y recibir a Jesucristo en tu corazón, si lo quieres hacer haz esta oración de arrepentimiento y de entrega a Él y di:

No soy digno de ti, Señor, pero quiero en este día que me perdones por todos mis pecados, te recibo en mi corazón como mi único y suficiente Salvador de mi alma, escribe mi nombre en el Libro de la Vida. Gracias Padre Celestial por enviar a tu Hijo al mundo, en nombre de Él te lo pido. Amén, amén y amén.

La Vid

Aunque

Tengas

Doctorado

En Filosofía,

En ciencias

O en política,

Nunca alcanzarás

A comprender

Cómo es la mente

De Dios.

Mary Escamilla
Dra. ❤

Apoya el
Evangelio
De la Sana
Doctrina,
Para que seas
Bendecido
Por Dios.

Mary Escamilla
Dra.

110

La Vid

No hay

Enfermedad

Que Dios

No pueda

Curar,

Si está

En sus

Propósitos.

Mary Escamilla

Dra. ♥

Los Desobedientes Experimentan Dolor, Tribulación Y Maldición.

Mary Escamilla
Dra. ❤

La Vid

El Señor
Sabe todo
Lo que tú
Haces.
Cuídate de
No hacer lo
Malo, porque
Tendrás juicio
Con el Señor.

Mary Escamilla
Dra.

La Vid

Los
Burladores
De Dios,
Muestran
Las huellas
Del
Pecado.

Mary Escamilla
Dra.

La Vid

El único

Camino

De

La verdad

Y la vida,

Es

JESUCRISTO.

Mary Escamilla
Dra. ❤

La Vid

La Gracia,

El Espíritu,

El poder y

El perdón,

Lo recibes

De parte

De Dios.

Mary Escanilla
Dra.

La Vid

La soberanía

De Dios es

Infalible.

Mary Escamilla
Dra.

La Vid

Entiende, la Palabra
De Dios dice que
Hay tiempo para todo;
Para trabajar, Descansar,
Reír y llorar.

Mary Escamilla
Dra. ♥

La Vid

No basta saber o
Leer la Palabra,
Lo importante
Es practicarla
Diariamente.

Mary Escamilla
Dra. 🖤

Todo lo
Que Dios
Ha creado,
Siempre
Tiene un
Propósito.

Mary Escamilla
Dra. 🖤

La Vid

¡Cuidado! El aborto
Es pecado de muerte,
No seas culpable
Por asociación.

Mary Escamilla
Dra.

La Vid

No ignores que,

Tu cuerpo

Es el templo

Donde mora

El Santo Espíritu

De Dios.

Mary Escamilla
Dra.

La Vid

Pon por obra
Los Mandamientos
De Dios.

Mary Escamilla
Dra. ♥

Santiago

Santiago 1:7

EL LLAMADO DE SANTIAGO

Fue hermano de Jesús, conocido también como Jacobo.

"¿No es éste el carpintero?, ¿No se llama su madre y sus hermanos Jacob, de José, Simón y Judas?

¿No están todas sus hermanas con nosotros?

Y se escandalizaban de Él.

Es evidente que después del nacimiento virginal de Jesús, José y María tuvieron sus propios hijos, por supuesto ellos fueron un matrimonio normal como todos.

Asimismo, el Apóstol Pablo también se refiere a Jacobo (Santiago), como el hermano de Jesús.

"pero no vi a ningún otro de los apóstoles, sino a Jacobo el hermano del Señor. "Gálatas 1:19.

Escribió el libro que lleva su mismo nombre y que se encuentra en el Nuevo Testamento.

La Biblia no lo menciona, pero afirman que Santiago, este hombre llamado por Dios, fue convertido en un mártir por el Sanedrín.

Sin embargo, es hermosa la muerte de los hijos de Dios, que no les importó perder su vida por predicar el Santo Evangelio de Jesucristo.

Una de las declaraciones que se reconoce y muy importante, fue hecha por él.

"Acercaos a Dios, y él se acercará a vosotros. Pecadores, limpiad las manos; y vosotros los de doble ánimo, purificad vuestros corazones.

Afligíos, y lamentad, y llorad.

Vuestra risa se convierta en lloro, y vuestro gozo en tristeza. Humillaos delante del Señor, y él os exaltará." Santiago 4:8-10.

Es necesario acercarnos al Todopoderoso, muchas veces en los tiempos de dificultades o en los tiempos de escasez, buscamos al ser humano para que nos resuelva nuestros problemas y nos acostumbramos a esa forma de vida; en vez de buscar en Dios la solución de nuestros problemas.

¡Pon siempre la mirada en el Señor y no en el hombre!

¿Te estás identificando con esto?

Recuerda siempre:

Acércate mejor a Dios en todo momento, para que Él se pueda acercar a tu vida y te pueda dar esperanza y te solucione los problemas que tú tengas, porque; Él es el único que puede ayudarte.

Y es necesario limpiarnos de todo pecado a través de Jesucristo y dejaremos de tener doble ánimo en la vida.

Él siempre va delante de ti.

No te desalientes.

Ten ánimo.

¡Tu vida cambiará con Cristo a tu lado!

Sus promesas son para siempre verdaderas.

Del mismo modo:

Podemos aprender mucho de este hombre llamado por Dios en su libro.

I-EXHORTÓ A QUE SE BUSCARA LA SABIDURÍA DE LO ALTO.

"Y si alguno de vosotros tiene falta de sabiduría, pídala a Dios, el cual da a todos abundantemente y sin reproche, y le será dada.

Pero pida con fe, no dudando nada; porque el que duda es semejante a la onda del mar, que es arrastrada por el viento y echada de una parte a otra." Santiago 1:5, 6.

Cuánta falta de sabiduría hay en estos tiempos, el mundo quiere vivir según sus propios conceptos y no aceptan ninguna instrucción que venga de Dios.

La Dirección Divina siempre es la mejor para tu vida.

La sabiduría habita con la gente humilde, que tiene cordura, se encuentra también en la boca del justo y en los labios del prudente.

Aprende tú, como hijo de Dios, que también eres llamado por Él.

Muchos desconocen que la sabiduría viene de Dios, y Él la da a los que se determinan guardar su Palabra.

"El principio de la sabiduría es el temor a Jehová."

La sabiduría que viene de lo Alto es mejor que las piedras preciosas, si el mundo supiera que con ella está el poder de Dios la buscarían de día y noche; pero el diablo está engañando en estos tiempos, vemos personas haciendo pactos diabólicos para recibir el poder la fama y la fortuna, entregándole todo su ser al mismo enemigo sus almas y con un terrible espíritu de confusión, a lo bueno llamándole malo y a lo malo bueno.

¡Qué terrible situación!

Por eso, el cristiano verdadero debe cubrirse con la sangre de Jesucristo, que tiene todo el poder para guardarnos de todo mal desde el momento que Él derramó su preciosa sangre en la Cruz del Calvario, ahí tienes esa cobertura, no te salgas de ella.

Si has hecho algún pacto con el reino de las tinieblas, renuncia ahora mismo y recibe a Jesucristo quien te dará protección y no temerá tu corazón de ningún mal, recuerda, Dios te creó a ti para su gloria.

¡Tú eres, su especial tesoro!

No sigas viviendo engañado, muchos dicen que sólo hay una vida y que la puedes vivir como se te dé la gana, eso es una gran mentira, hay una vida después de la muerte, o vas a condenación eterna a un infierno que fue preparado para el diablo y para los ángeles que se rebelaron contra Dios; o a las moradas eternas con el Dios Todopoderoso, existe un cielo maravilloso, sus calles son de oro y hay un mar de cristal.

Qué maravilloso cuando puedas caminar por esas hermosas calles de la Nueva Jerusalén, apresúrate, entrega tu vida a Él.

¡Gózate y ven, Él te espera con los brazos abiertos!

Estamos viviendo en los últimos tiempos.

Mira, el temor a Dios es el principio de la sabiduría, por eso aquí este hombre llamado por Dios, Santiago, invita a pedirla.

Del mismo modo tú:

¿Deseas obtenerla?

¿No tardes?

Éste es el mejor día para hacer esta decisión que cambiará el destino de tu vida.

Y recuerda que Dios da abundantemente, pide con fe, no dudando, ya que la sabiduría la necesitas en todo lugar y en todo tiempo.

Para ser un mejor esposo(a).

Para ser un mejor padre.

Para ser una mejor madre.

Para ser un mejor hijo(a).

Para ser un mejor abuelo(a).

Para ser un mejor compañero de trabajo.

Para ser un mejor vecino.

Para ser un mejor cristiano.

Para ser un mejor jefe.

Para soportar las tentaciones.

Mira lo que dice la Palabra de Dios:

"Porque Jehová da la sabiduría,

Y de su boca viene el conocimiento y la inteligencia. Prov. 2:6.

¡Extraordinario!

Él provee de sana sabiduría a los rectos;

Es escudo a los que caminan rectamente." Prov. 2:7.

Mira, Dios quiere librarte de los malos caminos, de las personas que hablan perversidades en su boca, aquellos que dejan los caminos derechos y se van por los malos, que se gozan haciendo el mal y se unen a grupos para hacer maldades.

La sabiduría te podrá guardar de todo lo malo y rescatarte para su gloria.

Qué privilegio que Él te llame hoy, atiende a tu llamado.

II-SANTIAGO EXHORTÓ SOBRE EL USO QUE LE DAMOS A LA LENGUA.

Muchos usan la lengua para ofender a otras personas, no han podido refrenar este miembro del cuerpo.

Cuidado, conecta el cerebro antes de hablar.

"Así también la lengua es un miembro pequeño, pero se jacta de grandes cosas. He aquí, ¡cuán grande bosque enciende un pequeño fuego!

Y la lengua es un fuego, un mundo de maldad. La lengua está puesta entre nuestros miembros, y contamina todo el cuerpo, e inflama la rueda de la creación, y ella misma es inflamada por el infierno." Santiago 3:5, 6.

¿Qué terrible lo que puede hacer la lengua?

¿La sabes dominar o no?

¿Cuántas cosas no edificantes salen de la lengua?

Engaño.

Chismes.

Lisonjas.

Jactancia.

Maldiciones.

Maldad.

Calumnias.

Agravios.

Reproches.

Injusticias.

Y cuántas cosas más…

La Biblia nos habla que la vida y la muerte están en poder de la lengua, por eso es tan importante meditar sobre lo que sale de nuestra boca, porque de la abundancia del corazón sale para afuera.

Procura ser diligente cuando te expreses y tengas que hablar, hazlo para bendecir.

Si tienes resentimientos en tu corazón, darás consejos basados en lo que guardas en tu interior.

Si te gusta el chisme, te has acostumbrado a decir o escuchar la información errónea de otras personas y las has acusado muchas veces injustamente por lo que te han dicho. Es el momento de renunciar a esa terrible práctica en el nombre de Jesús.

Este hombre llamado por Dios, Santiago, sabía que en ese tiempo había mucha discordia y peleas a causa de la lengua como lo hay hoy, y él, inspirado por el Espíritu Santo, escribió sobre este tema tan valioso de vida o muerte.

Cuida tu lengua y atiende a tu llamado.

Cuántas personas están en las cárceles o en una tumba por la lengua chismosa de alguien. Mira lo que dice la Palabra de Dios:

"El que anda en chismes descubre el secreto;

No te entremetas, pues, con el suelto de lengua." Prov. 20:19.

Deja de descubrir los secretos que te han confiado, usa la prudencia que habita con los sabios; si te gusta el chisme tienes que saber que esto no le agrada al Señor.

¿Deseas cambiar tu manera de hablar?

Empieza hoy mimo y deja de contristar al Espíritu Santo.

Sólo hay una forma que lo podrás lograr, teniendo a Jesucristo en tu corazón y rendirle todo tu ser.

Verdaderamente nace de nuevo.

¿Quieres hablar la verdad, lo bueno, la justicia y todo lo que sea agradable a los oyentes?

Aquí está una buena noticia:

Sí lo podrás lograr, Dios puede cambiar tu forma de hablar, tu forma de pensar y tu forma de proceder.

"Hay hombres cuyas palabras son como golpes de espada;

Mas la lengua de los sabios es medicina." Prov. 12:18.

Vemos que muchas mujeres y hombres que les hablan a sus cónyuges con palabras hirientes, los hijos escuchan eso y también lo están haciendo, porque están imitando lo que oyen y lo que ven.

Qué terrible situación la que se está viviendo en este mundo, pero tú puedes hacer la diferencia, deja de encender fuego con tu lengua, Santiago habló la verdad, de cómo ese pequeño miembro de nuestro cuerpo no lo podemos dominar y está devorando grandes bosques, como lo es el hogar, la iglesia, el lugar de trabajo.

Pero con Jesucristo en nuestro corazón podemos lograrlo, entonces saldrá de nuestra lengua alabanza como lo dijo el salmista:

"Entonces nuestra boca se llenará de risa,

Y nuestra lengua de alabanza." Salmo 126:2.

Deja que Dios te saque de ese cautiverio en el cual estás preso en el error, en tus propios pensamientos porque te engañaron y hay amargura y dolor. Olvida ese pasado, tu boca tiene que reír y tu lengua alabar al Rey de reyes y Señor de señores."

Este hombre llamado por Dios, también habló de la paciencia que debes tener hasta la venida de Jesucristo a la tierra, y también dijo que seríamos felices en medio de las pruebas; que se buscara al Señor en todo tiempo, en la prueba o también en tiempos de enfermedad.

¿Estás teniendo pruebas y luchas?

Es necesario pasar por ese proceso, pero en medio de eso recuerda que la oración es poderosa, si estás enfermo te sanarás, si estás afligido serás liberado, si estás caído serás levantado y si estás abatido serás consolado.

¿Qué maravillosas promesas de Dios?

¿Deseas gozar de todas?

Agarra esas preciosas promesas, porque son para ti.

Te invito a que te rindas hoy a Él y verás cómo cambiará tu vida en su totalidad.

Haz una oración y di:

Este día decidí arrepentirme por todos mis pecados, me rindo a ti, quiero que me perdones Padre Celestial por todos mis pecados, sé que he sido pecador(a), pero hoy decido que tú seas mi Padre. Gracias por enviar a tu Unigénito Hijo al mundo para morir por mis pecados, esa es la prueba más grande de tu amor hacia mí, te pido que escribas mi nombre en el Libro de la Vida, te lo pido en el nombre de Jesucristo. Amén, amén y amén.

Clamo,

Abba Padre,

Gracias por tu

Santo Espíritu.

La Vid

Salva a tu

Familia

De la

Locura

Del mundo.

Háblales

De las buenas

Nuevas de

CRISTO.

Mary Escamilla
Dra. ♥

La Vid

Todo camino
Que conduce
A la Cruz
Del Calvario,
Es Vida
Eterna.

Mary Escamilla
Dra.

La idolatría
Es una locura
Mental y
Falta de
Conocimiento.

Mary Escamilla
Dra. 🖤

La Vid

No niegues
La Sana
Doctrina de
Cristo Jesús,
Porque vendrá
Juicio a tu vida.

Mary Escamilla
Dra. 🖤

La Vid

El Falso
Profeta
Y el
Anticristo
Son dos
Personas
Diferentes
Y sí existen.

Mary Escamilla
Dra. ❤

La Vid

Si tienes

Vestido y

Sustento,

Sé agradecido

Con Dios

Porque es Él

Quien te

Provee de todo.

Mary Escamilla
Dra. 🖤

La Vid

Enoc

Caminó

Con Dios

En Santidad

Y fue

Agradable

Para Él.

Mary Escamilla
Dra.

La Vid

Disfruta de la

Paz de Dios

Un día a la vez.

Mary Escamilla
Dra. ❤

La Vid

Confía en Dios,

Porque eres

Más que vencedor.

Mary Escamilla
Dra. ♥

Recuerda

Siempre;

La Fe

Produce

Milagros.

Mary Escamilla
Dra. ♥

Todos

Necesitamos

De Dios

Todopoderoso.

La Vid

Dale el

Valor

Que tiene

El mundo

Espiritual.

Mary Escamilla
Dra.

La Vid

El Señor

Derrama

Su Santo

Espíritu

En mi

Corazón.

Mary Escamilla

Dra.

La Vid

La Gloria de Dios,
Su Gracia y misericordia,
Son derramadas en
este hogar.

Mary Escamilla

Dra.

EPÍLOGO

Amados lectores y hermanos en la fe, espero que cada una de las historias bíblicas de Los Hombres que Dios Llamó a servirle ministre su vida y que les inspire a continuar en el camino de Cristo Jesús, porque ustedes, así como yo, somos llamados por Dios para que le sirvamos con integridad y obediencia a su Palabra.

Del mismo modo, les invito a que sigamos predicando el Evangelio de Jesucristo, al cual hemos sido llamados y escogidos desde antes de la fundación del mundo y es un privilegio servir al Señor siempre y dar gracias por el regalo no merecido, la Salvación de tu Alma.

Y si no has recibido a Jesús como tu Salvador personal, te invito a que hagas una oración en este momento y digas: Amado Padre Celestial, gracias por mandar a tu Unigénito Hijo a morir por mí en la Cruz del Calvario para el perdón de mis pecados. Desde ahora te acepto como mi Señor y único Salvador. Escribe mi nombre en el Libro de la Vida. Todo esto te lo pido en el precioso nombre de tu Hijo Jesús. Amén.

Reverenda, Doctora Mary Escamilla.

Printed in the United States
By Bookmasters